This Notebook Belongs To:

_____

_____

_____

Cornell method notebook
Narrow rule (1/4 inch)
100 pages
with Table of Contents

Table of Contents

Table of Contents

Topic: _____   **Date:** _____

Title: _____   **Class:** _____

Keywords/Questions	Notes

Summary
_____

Topic: _____ **Date:** _____

Title: _____ **Class:** _____

Keywords/Questions	Notes

Summary
_____
_____
_____
_____

Topic: _____ **Date:** _____

Title: _____ **Class:** _____

Keywords/Questions	Notes

Summary

_____

_____

_____

_____

Topic: _____   **Date:** _____

Title: _____   **Class:** _____

Keywords/Questions	Notes

Summary

_____

_____

_____

_____

_____

Topic: _____ **Date:** _____

Title: _____ **Class:** _____

Keywords/Questions	Notes

Summary
_____
_____
_____
_____

Topic: _____ **Date:** _____

Title: _____ **Class:** _____

Keywords/Questions	Notes

Summary

_____

_____

_____

_____

Topic: _____   **Date:** _____

Title: _____   **Class:** _____

Keywords/Questions	Notes

Summary

_____

_____

_____

_____

Topic: _____ **Date:** _____

Title: _____ **Class:** _____

Keywords/Questions	Notes

Summary

Topic: _____ **Date:** _____

Title: _____ **Class:** _____

Keywords/Questions	Notes

Summary
_____
_____
_____
_____

Topic: _____ **Date:** _____

Title: _____ **Class:** _____

Keywords/Questions	Notes

Summary

Topic: _____ **Date:** _____

Title: _____ **Class:** _____

Keywords/Questions	Notes

Summary

_____

_____

_____

_____

Topic: _____ **Date:** _____

Title: _____ **Class:** _____

Keywords/Questions	Notes

Summary

_____

_____

_____

_____

_____

Topic: _____ **Date:** _____

Title: _____ **Class:** _____

Keywords/Questions	Notes

Summary

_____

_____

_____

_____

Topic: _____ **Date:** _____

Title: _____ **Class:** _____

Keywords/Questions	Notes

Summary

_____

_____

_____

_____

Topic: _____ **Date:** _____

Title: _____ **Class:** _____

Keywords/Questions	Notes

Summary
_____
_____
_____
_____

Topic: _____   **Date:** _____

Title: _____   **Class:** _____

Keywords/Questions	Notes

Summary
_____

Topic: _____ **Date:** _____

Title: _____ **Class:** _____

Keywords/Questions	Notes

Summary

_____

_____

_____

_____

Topic: _____ **Date:** _____

Title: _____ **Class:** _____

Keywords/Questions	Notes

Summary

_____
_____
_____
_____

Topic: _____ **Date:** _____

Title: _____ **Class:** _____

Keywords/Questions	Notes

Summary

_____

_____

_____

_____

Topic: _____ **Date:** _____

Title: _____ **Class:** _____

Keywords/Questions	Notes

Summary
_____
_____
_____
_____

Topic: _____   **Date:** _____

Title: _____   **Class:** _____

Keywords/Questions	Notes

Summary

_____
_____
_____
_____

Topic: _____ **Date:** _____

Title: _____ **Class:** _____

Keywords/Questions	Notes

Summary

_____

_____

_____

_____

Topic: _____ **Date:** _____

Title: _____ **Class:** _____

Keywords/Questions	Notes

Summary

_____

_____

_____

_____

Topic: _____ **Date:** _____

Title: _____ **Class:** _____

Keywords/Questions	Notes

Summary
_____
_____
_____
_____
_____

Topic: _____ **Date:** _____

Title: _____ **Class:** _____

Keywords/Questions	Notes

Summary
_____
_____
_____
_____

Topic: _____ **Date:** _____

Title: _____ **Class:** _____

Keywords/Questions	Notes

Summary

_____

_____

_____

_____

Topic: _____ **Date:** _____

Title: _____ **Class:** _____

Keywords/Questions	Notes

Summary

_____

_____

_____

_____

Topic: _____ **Date:** _____

Title: _____ **Class:** _____

Keywords/Questions	Notes

Summary

_____
_____
_____
_____
_____

Topic: _____ **Date:** _____

Title: _____ **Class:** _____

Keywords/Questions	Notes

Summary

Topic: _____   **Date:** _____

Title: _____   **Class:** _____

Keywords/Questions	Notes

Summary

_____
_____
_____
_____

Topic: _____ **Date:** _____

Title: _____ **Class:** _____

Keywords/Questions	Notes

Summary

Topic: _____   **Date:** _____

Title: _____   **Class:** _____

Keywords/Questions	Notes

Summary
_____
_____
_____
_____
_____

Topic: _____   **Date:** _____

Title: _____   **Class:** _____

Keywords/Questions	Notes

Summary
_____
_____
_____
_____

Topic: _____ **Date:** _____

Title: _____ **Class:** _____

Keywords/Questions	Notes

Summary
_____
_____
_____
_____

Topic: _____ **Date:** _____

Title: _____ **Class:** _____

Keywords/Questions	Notes

Summary
_____
_____
_____
_____

Topic: _____ **Date:** _____

Title: _____ **Class:** _____

Keywords/Questions	Notes

Summary

_____

_____

_____

_____

_____

Topic: _____ **Date:** _____

Title: _____ **Class:** _____

Keywords/Questions	Notes

Summary

Topic: _____   **Date:** _____

Title: _____   **Class:** _____

Keywords/Questions	Notes

Summary

_____

_____

_____

_____

_____

Topic: _____   **Date:** _____

Title: _____   **Class:** _____

Keywords/Questions	Notes

Summary
_____
_____
_____
_____

Topic: _____ **Date:** _____

Title: _____ **Class:** _____

Keywords/Questions	Notes

Summary

_____

_____

_____

_____

Topic: _____ **Date:** _____

Title: _____ **Class:** _____

Keywords/Questions	Notes

Summary

_____

_____

_____

_____

Topic: _____   **Date:** _____

Title: _____   **Class:** _____

Keywords/Questions	Notes

Summary

_____

_____

_____

_____

Topic: _____ **Date:** _____

Title: _____ **Class:** _____

Keywords/Questions	Notes

Summary
_____

_____

_____

Topic: _____   **Date:** _____

Title: _____   **Class:** _____

Keywords/Questions	Notes

Summary

_____
_____
_____
_____
_____

Topic: _____   **Date:** _____

Title: _____   **Class:** _____

Keywords/Questions	Notes

Summary

Topic: _____   **Date:** _____

Title: _____   **Class:** _____

Keywords/Questions	Notes

Summary

Topic: _____   **Date:** _____

Title: _____   **Class:** _____

Keywords/Questions	Notes

Summary

_____
_____
_____
_____

Topic: _____   **Date:** _____

Title: _____   **Class:** _____

Keywords/Questions	Notes

Summary

_____

_____

_____

_____

_____

Topic: _____ **Date:** _____

Title: _____ **Class:** _____

Keywords/Questions	Notes

Summary
_____
_____
_____
_____

Topic: _____   **Date:** _____

Title: _____   **Class:** _____

Keywords/Questions	Notes

Summary

Topic: _____ **Date:** _____

Title: _____ **Class:** _____

Keywords/Questions	Notes

Summary

_____

_____

_____

Topic: _____ **Date:** _____

Title: _____ **Class:** _____

Keywords/Questions	Notes

Summary

Topic: _____   **Date:** _____

Title: _____   **Class:** _____

Keywords/Questions	Notes

Summary

_____

_____

_____

_____

Topic: _____ **Date:** _____

Title: _____ **Class:** _____

Keywords/Questions	Notes

Summary
_____
_____
_____
_____
_____

Topic: _____ **Date:** _____

Title: _____ **Class:** _____

Keywords/Questions	Notes

Summary

_____

_____

_____

_____

Topic: _____   **Date:** _____

Title: _____   **Class:** _____

Keywords/Questions	Notes

Summary

Topic: _____   **Date:** _____

Title: _____   **Class:** _____

Keywords/Questions	Notes

Summary
_____
_____
_____
_____

Topic: _____   **Date:** _____

Title: _____   **Class:** _____

Keywords/Questions	Notes

Summary
_____
_____
_____
_____
_____

Topic: _____ **Date:** _____

Title: _____ **Class:** _____

Keywords/Questions	Notes

Summary

Topic: _____ **Date:** _____

Title: _____ **Class:** _____

Keywords/Questions	Notes

Summary

_____

_____

_____

_____

_____

Topic: _____ **Date:** _____

Title: _____ **Class:** _____

Keywords/Questions	Notes

Summary
_____
_____
_____
_____

Topic: _____ **Date:** _____

Title: _____ **Class:** _____

Keywords/Questions	Notes

Summary

_____

_____

_____

_____

_____

Topic: _____ **Date:** _____

Title: _____ **Class:** _____

Keywords/Questions	Notes

Summary
_____
_____
_____
_____

Topic: _____ **Date:** _____

Title: _____ **Class:** _____

Keywords/Questions	Notes

Summary
_____
_____
_____
_____
_____

Topic: _____ **Date:** _____

Title: _____ **Class:** _____

Keywords/Questions	Notes

Summary
_____
_____
_____
_____

Topic: _____ **Date:** _____

Title: _____ **Class:** _____

Keywords/Questions	Notes

Summary

Topic: _____ **Date:** _____

Title: _____ **Class:** _____

Keywords/Questions	Notes

Summary

_____

_____

_____

_____

Topic: _____ **Date:** _____

Title: _____ **Class:** _____

Keywords/Questions	Notes

Summary

_____

_____

_____

_____

Topic: _____ **Date:** _____

Title: _____ **Class:** _____

Keywords/Questions	Notes

Summary

_____

_____

_____

_____

Topic: _____ **Date:** _____

Title: _____ **Class:** _____

Keywords/Questions	Notes

Summary

_____
_____
_____
_____

Topic: _____ **Date:** _____

Title: _____ **Class:** _____

Keywords/Questions	Notes

Summary

_____

_____

_____

_____

Topic: _____ **Date:** _____

Title: _____ **Class:** _____

Keywords/Questions	Notes

Summary
_____
_____
_____
_____
_____

Topic: _____ **Date:** _____

Title: _____ **Class:** _____

Keywords/Questions	Notes

Summary
_____
_____
_____
_____

Topic: _____   **Date:** _____

Title: _____   **Class:** _____

Keywords/Questions	Notes

Summary

_____

_____

_____

_____

_____

Topic: _____ **Date:** _____

Title: _____ **Class:** _____

Keywords/Questions	Notes

Summary

_____

_____

_____

_____

Topic: _____   **Date:** _____

Title: _____   **Class:** _____

Keywords/Questions	Notes

Summary

Topic: _____ **Date:** _____

Title: _____ **Class:** _____

Keywords/Questions	Notes

Summary

_____

_____

_____

_____

Topic: _____ **Date:** _____

Title: _____ **Class:** _____

Keywords/Questions	Notes

Summary
_____
_____
_____
_____
_____

Topic: _____   **Date:** _____

Title: _____   **Class:** _____

Keywords/Questions	Notes

Summary

_____

_____

_____

_____

Topic: _____ **Date:** _____

Title: _____ **Class:** _____

Keywords/Questions	Notes

Summary
_____
_____
_____
_____

Topic: _____   **Date:** _____

Title: _____   **Class:** _____

Keywords/Questions	Notes

Summary

Topic: _____   **Date:** _____

Title: _____   **Class:** _____

Keywords/Questions	Notes

Summary

Topic: _____   **Date:** _____

Title: _____   **Class:** _____

Keywords/Questions	Notes

Summary
_____
_____
_____
_____

Topic: _____ **Date:** _____

Title: _____ **Class:** _____

Keywords/Questions	Notes

Summary

Topic: _____ **Date:** _____

Title: _____ **Class:** _____

Keywords/Questions	Notes

Summary

_____

_____

_____

_____

Topic: _____   **Date:** _____

Title: _____   **Class:** _____

Keywords/Questions	Notes

Summary

Topic: _____ **Date:** _____

Title: _____ **Class:** _____

Keywords/Questions	Notes

Summary

Topic: _____ **Date:** _____

Title: _____ **Class:** _____

Keywords/Questions	Notes

Summary

_____

_____

_____

_____

_____

Topic: _____ **Date:** _____

Title: _____ **Class:** _____

Keywords/Questions	Notes

Summary

_____

_____

_____

_____

Topic: _____ **Date:** _____

Title: _____ **Class:** _____

Keywords/Questions	Notes

Summary
_____
_____
_____
_____
_____

Topic: _____ **Date:** _____

Title: _____ **Class:** _____

Keywords/Questions	Notes

Summary

Topic: _____   **Date:** _____

Title: _____   **Class:** _____

Keywords/Questions	Notes

Summary

Topic: _____   **Date:** _____

Title: _____   **Class:** _____

Keywords/Questions	Notes

Summary

_____

_____

_____

_____

Topic: _____ **Date:** _____

Title: _____ **Class:** _____

Keywords/Questions	Notes

Summary

Topic: _____   **Date:** _____

Title: _____   **Class:** _____

Keywords/Questions	Notes

Summary

_____

_____

_____

_____

Topic: _____ **Date:** _____

Title: _____ **Class:** _____

Keywords/Questions	Notes

Summary

Topic: _____ **Date:** _____

Title: _____ **Class:** _____

Keywords/Questions	Notes

Summary

_____

_____

_____

_____

Topic: _____ **Date:** _____

Title: _____ **Class:** _____

Keywords/Questions	Notes

Summary

Topic: _____ **Date:** _____

Title: _____ **Class:** _____

Keywords/Questions	Notes

Summary

Topic: _____ **Date:** _____

Title: _____ **Class:** _____

Keywords/Questions	Notes

Summary

Made in United States
Troutdale, OR
12/10/2024

26254219R00060